冒険食堂

子どもの好奇心を刺激する
アウトドア料理レシピ

阪口 克

ヤマケイ新書

JN080717

ようこそ

冒
ぼう
険
けん
食
堂
〜！

わくわくとドキドキと。アウトドア料理は「発見」と「驚き」に満ちている。

いつもの日常を離れ、新しい冒険に出かけよう。
ほほにあたるそよ風、川のせせらぎ、かがやく星空……
みんなきっと知っているはず。
大自然は、「発見」と「驚き」がいっぱいの場所なんだ!

この本には、みんなのおなかと好奇心を満たすための、
キャンプ料理のレシピやアイデアがたくさんつまっている。
メニューを選び、材料をそろえ、包丁をふるい、
火をおこして料理してみよう。
いろんな失敗があるかもしれない。
怖いこともあるだろう。
でも、自分の力でやってみよう。
完成した料理を、焚き火の周りで
家族や友達とおしゃべりしながら
囲む瞬間は、
忘れられない思い出となるはずだ。

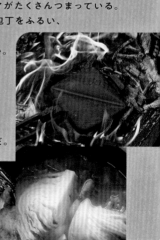

この本では、
アウトドア料理に
はじめて挑戦する子どもから
BBQの達人たちまで、
アウトドア料理が好きな多くの人たちに
楽しんでもらえるよう、
アイデア豊富な料理レシピを紹介します。
基本的な焚き火を使った料理から、
豪快にアウトドアを楽しむための
アドベンチャーメニューまで、
さまざまな料理が登場しますよ!

この本を手に取ったあなたは、
すでに新しい冒険の入り口に立っています。
いっしょに楽しみながら、
料理の面白さや驚きを見つけに行きましょう。
この本を通じて、みんなの冒険心や探求心が広がり、
自然とのつながりが深まることを願っています。

Part 2 野外を楽しむ王道料理に挑戦

Part3 創意工夫で野外料理は自由自在

AD	三木俊一
デザイン	宮脇菜緒（文京図案室）
写真・文	阪口 克
イラスト	村松佑樹
DTP	天龍社
校正	佐藤博子
写真提供	コールマンジャパン 株式会社新越ワークス　ユニフレーム 株式会社ロゴスコーポレーション
モデル・調理	阪口春音
撮影協力	阪口華奈子　和田義弥
編集協力	篠口純子（毎日小学生新聞編集部）
編集	小山内直子（山と溪谷社）

＊本書は毎日小学生新聞の連載「冒険食堂」に加筆・修正してまとめたものです。

冒険食堂の
キッチンへ

Part1

アウトドア
料理の
基本と準備

焚き火・炭火料理を 楽しむための4つの約束

冒険食堂の基本となるのが、焚き火や炭火を使った調理だ。
まずはじめに知っておいてほしい4つの約束があるから、
大人といっしょに確認しておこう。

1 どんなことも自分の力で挑戦しよう

冒険食堂の台所に決まりはない。野菜が変な形に切れても、お肉が黒く焦げたって大丈夫。焚き火の火おこし、魚の下ごしらえ、フライパンで炒めもの、怖いこともあるかもしれない。でも自分でやってみる。それがいちばんの楽しさにつながるから。

2 安全のための決まりは守る

冒険食堂に決まりはないと書いたけど、やっぱり安全のために守ってほしいことはある。刃物を扱うとき、炎が燃えているとき、熱々のフライパンを持つとき、注意しなければ君や周りの人がケガをしてしまうかもしれない。いくつかのルールをしっかりチェックしておいてね。

3 おいしい料理は しっかりした準備で決まる

おうちの台所とちがって、野外でクッキングする冒険食堂では準備がとても大切だ。おうちなら、ボタン一つで火はつくし、引き出しを開けたら包丁とまな板が出てくる。しょうゆも塩も目の前の棚に並んでいる。でも大自然の中では、そう簡単にはいかない。この本で示した手順とアドバイスをよく読んで、料理を楽しんでほしい。

4 楽しんだあとは来たときよりも美しく

「来たときよりも美しく」「残してよいのは足跡だけ」。どちらもアウトドアの世界で有名な標語だ。次に来た人が気持ちよく使えるよう、楽しませてくれた大自然に感謝を込め、自分の使った場所をきちんときれいに回復して帰ること。これができれば、君も冒険食堂の名シェフだ。

火を扱うための道具

焚き火や炭火を楽しむために、どんな道具が必要か知っておこう。火は扱い方をまちがえると大変危険。しっかりした準備と正しく道具を使うことが冒険食堂のお約束だ。

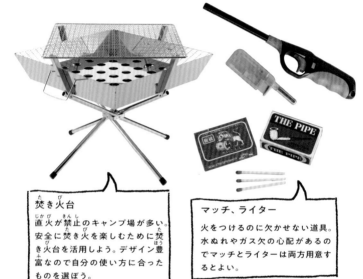

焚き火台

直火が禁止のキャンプ場が多い。安全に焚き火を楽しむために焚き火台を活用しよう。デザイン豊富なので自分の使い方に合ったものを選ぼう。

マッチ、ライター

火をつけるのに欠かせない道具。水ぬれやガス欠の心配があるのでマッチとライターは両方用意するとよい。

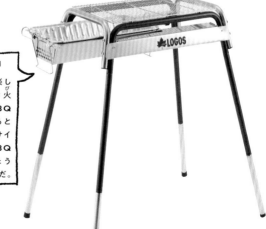

BBQコンロ

炭火料理を楽しむなら、焚き火台とは別にBBQコンロがあると便利。40cmサイズが4人でBBQするのにちょうどよい大きさだ。

火ばさみ

熱い薪や炭を動かすのに絶対に必要な道具。よく行方不明になるので、何本かあると便利。

着火剤

焚き火の達人なら、自然の中で見つけた材料で着火できるけど、まずは便利な着火剤から始めてみよう。

革手袋

ゴム製の手袋は危険。革手袋を使おう。サイズが合っていないと使いづらいので、大人用と子ども用があると便利。子ども用軍手も手にフィットして使いやすい。

火消しつぼ

焚き火・炭火料理を安全に終わらせるために火消しつぼを用意しよう。このほか、水の入ったバケツの準備も必須。

調理のための道具

台所で使っている道具とそんなに変わらないけど、火の近くで使うからプラスチック製よりも金属製を選ぼう。ダッチオーブンやスタンドなど専用道具があると、作れるメニューが一気に増えるよ!

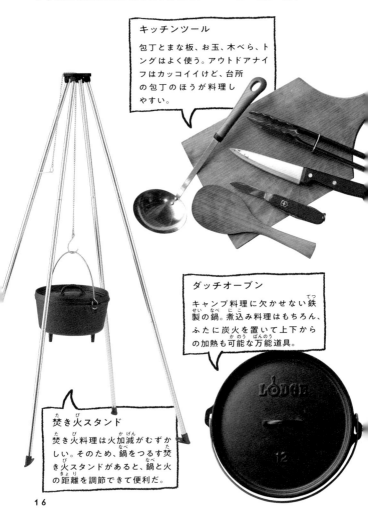

キッチンツール

包丁とまな板、お玉、木べら、トングはよく使う。アウトドアナイフはカッコイイけど、台所の包丁のほうが料理しやすい。

ダッチオーブン

キャンプ料理に欠かせない鉄製の鍋。煮込み料理はもちろん、ふたに炭火を置いて上下からの加熱も可能な万能道具。

焚き火スタンド

焚き火料理は火加減がむずかしい。そのため、鍋をつるす焚き火スタンドがあると、鍋と火の距離を調節できて便利だ。

16

食器

好きなデザインの食器を選
ぼう。ただし紙やプラスチッ
クの食器は火の近くでは危
険なので注意しよう。

フライパンと鍋

直火可能なタイプを使おう。家庭用に
多い樹脂製の取っ手は注意。登山用の
軽量なコッヘルは焦げつきやすいの
で、初心者は鉄鍋から始めよう。

「薪」と「炭」のお話

薪と炭は貴重な燃料として、昔から目的によって使い分けられてきた。ここではそれぞれのちがいを知ってほしい。

左から枯れ枝を集めた柴、しっかり乾燥した広葉樹の薪、市販されている木炭。どれも樹木から作られた大切な燃料だ

薪とは？

焚き火に欠かせない燃料が薪だけど、どんなものが思い浮かぶだろう？ 薪は単に樹木を切って、適当な太さに割っただけじゃないんだ。原油を工場で精製し、ガソリンや灯油が作られるように、人が手間と時間をかけて燃料として作り上げたものが薪。そんな薪は、自分の山を持っている人でないと簡単には手に入らない。だから、キャンプ場の売店やホームセンターで購入しよう。キャンプ場の森で、勝手に樹木を切ったりしたら絶対にダメだよ。

薪の種類

売られている薪は太すぎるものが多く、簡単には着火できない。そこで火おこし用の薪も準備する。太い薪を割ったり、キャンプ場周辺の落ちた枯れ枝を採取して、〈大〉〈中〉〈小〉3種類の薪を用意しよう。

大　　　中　　　小

薪割りの基本は、薪の上部に手斧をのせ、別の薪や木の棒で叩くこと。まちがっても手に持った薪に斧を振り下ろすことがないように！

手斧とノコギリは薪を割ったり長さを調節したりして、理想的な薪作りに必要なアイテム。作業は必ず大人といっしょに行うこと

炭とは？

伐採した樹木を、さらに時間と手間をかけて蒸し焼きにし、炭化させたものが炭だ。薪のほうが着火性はよく、エネルギーとしての効率がよい。炭を作るためには多くのエネルギーが必要なんだ。そのため、かつては貴族しか使えない貴重品だった。では、なぜ今も炭が作られ使われるかというと、調理に使うときに便利だから。炭火は薪のように炎が上がらず、煙も少なく、安定した火力を長時間保つことができる。そのため、料理を作るときにとても使いやすい。キャンプなどでは、燃え上がる炎を楽しみ、暖をとるときには薪の焚き火を使い、調理には炭火をメインに使うとよいだろう。

焚き火の基本の流れ

はじめての焚き火に挑戦しよう。ルールと順番を守れば、何も危険なことはない。初心者にオススメの、薪を三角屋根に組んでいく方法でチャレンジしてみよう。

1 たいらな地面に、不燃シートと焚き火台をセットする。ぐらつかないように！

2 〈大〉〈中〉〈小〉、3種類の太さの薪を用意する。その他に焚き付け（枯れ葉や木の皮など）も準備する。

3 まず焚き火台の床面に薪〈大〉を並べ、その中央に薪〈中〉を1本、さらにその両わきに着火剤を2個置く。

4 次に、薪〈中〉と〈小〉、焚き付けを着火剤の上に屋根をかけるように交互に置いていく。2個の着火剤が三角屋根の小屋の下に入った形になったら完成。

5 薪のすき間から着火剤に火をつける。火はすぐに薪〈小〉に燃え移るが慌ててはダメ。ここでいきなり薪〈大〉を入れたりしたら、火はあっという間に消えてしまう。

6 少しずつ様子をみながら、薪〈中〉や薪〈小〉を足していき、火を大きく育てよう。いよいよ薪〈大〉に火が移ったら焚き火の完成だ。

7 炎が安定したら、調理を楽しもう。最後は完全に灰になるまで薪を燃やし尽くすとよい。

8 燃やし尽くせずに残った薪は火消しつぼへ入れる。これで君のはじめての焚き火は大成功だ。

Recipe 01

調理時間の目安 **30分**

冒険度 ★★★

自分で火をおこしてミネストローネを作ろう

「冒険食堂」最初のメニューは
「自分で焚き火の火をおこして料理する」こと。
「焚き火」は暗闇を照らし、体を温め、料理もできる
便利なものだけど、やけどや火事の危険もある。
斧やライターなどの危険な道具も登場する。だからこそ、
自分の知恵と力を使って焚き火をスタートさせ、
安全にゴールを目指そう。メニューはイタリアの定番
野菜スープ「ミネストローネ」。失敗や危険をおそれず
挑戦しよう。きっと新しい発見があるはずだ。

準備

必要なもの

- 焚き火台
- 鉄鍋
- 手斧
- グローブ
- 火ばさみ
- ライター
- 着火剤

※これらの他に基本の調理器具、緊急用の水バケツや、消火のための火消しつぼも用意する（P.33参照）

薪

- 薪〈大〉：市販されている薪
- 薪〈中〉：子どもの腕くらいの太さに割ったもの
- 薪〈小〉：子どもの指くらいの太さの枯れ枝など
- 焚き付け：枯れ葉や木の皮など

食材

- タマネギ……1個
- ジャガイモ……1個
- ニンジン……1/2本
- キャベツ……1/4玉
- スライスベーコン……80g
- トマト缶……1缶
- コンソメの素……1個
- オリーブ油……適量
- 塩・こしょう……各適量
- 水……600㎖（3カップ）

調理前に準備

野菜とベーコンは一口大に切り分ける。

まずは火おこし！

1 〈大〉〈中〉〈小〉の3種類の薪を用意する。薪を割るときは薪の上に手斧をのせ、別の薪や木の棒で叩く。

2 薪〈大〉を焚き火台に川の字に並べ、その真ん中に薪〈中〉を1本置き、両わきに着火剤を1個ずつ置く。

3 薪〈中〉と〈小〉、焚き付けを着火剤の上に屋根をかけるように並べていく。横から見ると三角屋根の形になるように。

4 上手に薪が組めたら、ライターで着火剤に火をつける。しっかり火がついたら調理スタート!!

すべての薪に火がついたら薪〈中〉〈小〉を少しずつ足していく。ただし、あまり大きな炎にならないように。

24

いよいよ調理開始!

5 鍋を火にかける。炎の先端が鍋底に当たるくらいに調整しよう。

焚き火台の上に網をかけて鍋を置くか、焚き火スタンド（**P.34**参照）を使うか、事前に決めておこう。鍋がぐらつかないように注意。

6 鍋にオリーブ油を入れ、ベーコンとタマネギ、ジャガイモ、ニンジンを炒める。

7 トマト缶と水、キャベツ、コンソメの素を入れて、沸騰するまで加熱する。焦げ付かないように気をつけて。

8 鍋の高さを調節して弱火にし、ふたをして**15分**煮込む。野菜がやわらかく煮込まれたら、塩とこしょうで味を調えて完成だ。

炭火調理の基本の流れ

炭の火は、焚き火よりも火力は強く安定し、嫌な煙が立つこともないから調理に最適。炭の種類によって火力と燃焼時間は異なるので、自分の使い方に合った炭を見つけよう。炭火を極めれば、君も焚き火クッキングの達人だ。

木炭への着火

木炭への着火には炭おこし器が便利だ。炭おこし器の下段に着火剤を入れ、上段に炭を詰めていく。炭と炭の間に、枯れ葉や枯れ草を詰めておくと火がつきやすい。BBQコンロの上など、安全なところで着火剤に火をつければ、熱い空気と炎が上昇する煙突効果によって、あっという間に炭は真っ赤に燃え上がる。

1 安全なところで炭おこし器の下段に着火剤を入れる。

2 炭おこし器に炭を詰める。炭と炭の間に枯れ葉などを詰めておくとよい。

3 ライターなどを使って着火剤に火をつける。

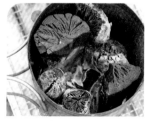

4 炭全体に火がついたことを確認する。

BBQコンロでの炭火の使い方

BBQコンロは、主に炭火を使って野外料理を楽しむための道具。上手にBBQを行ういちばんの秘訣は、熱々の炭をたくさん用意すること。炭は思っている以上にどんどん燃え尽きてしまう。火がついた炭をBBQコンロに入れるときは、強火ゾーンと弱火ゾーンに分けると調理しやすい。

強火と弱火の見分け方

炭火を使った調理で悩ましいのが、強火か弱火かの見分け方だ。ここで見分けるための呪文を教えよう。BBQコンロの網の上20cmに手のひらをかざして、「ミシシッピ、ミシシッピ…」って唱えるんだ。5回言えたらちょうどよい火加減。3回も言えないなら強すぎだし、10回以上言えたら弱すぎだ。これは日本バーベキュー協会でも教えてくれるすごい呪文なんだ。ただしちょっと危ないので、無理せずに大人の人にやってもらうとよいだろう。

炭の種類いろいろ

炭火料理でよく使う炭を3つ紹介するよ。

黒炭。流通量が多い。ナラ炭が代表格。

成形炭。おがくずを原料とした固形炭。

ブリケット。BBQで使いやすい固形炭。

Recipe 02

調理時間の目安 **10分**

炭火を使って おやつタイム

冒険食堂2番めの挑戦は
「炭火でおやつを作ってみよう」だ。
焚き火と炭火の着火作業でクタクタになった体に、
甘いデザートは最高においしいぞ！

イチゴとマシュマロのくし焼き

冒険度 ★

準備

食材

- イチゴ……1パック
- マシュマロ
  ……お好みの量で
- 砂糖……適量

竹くしに火がつくことがあるので注意してね。

作り方

1 イチゴ全体に砂糖をまぶす。

2 1のイチゴとマシュマロを交互にくしに刺す。

3 くしを手に持ち、弱めの炭火で焼く。イチゴがやわらかくなったら完成。

28

おしるこフォンデュ

準備

食材

- ●ゆであずき……1缶
- ●水……120〜150㎖
- ●塩……適量
- ●切り餅

　……お好みの量で

竹くしに火がつくことがあるので注意してね。

作り方

1 コッヘル（キャンプ用の小鍋）にゆであずき、水を入れて炭火にかけ、ゆっくりと混ぜながら、とろみが出るまで煮る。

2 とろみが出たら塩で味を調え、炭火の数を減らし、可能な限り弱火にする。

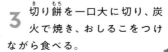

3 切り餅を一口大に切り、炭火で焼き、おしるこをつけながら食べる。

焚き火で守る9か条

焚き火を始める前に確認しておきたい9つの事柄をまとめた。
大人といっしょに一つ一つしっかり読んでおいてほしい。

1 刃物や火を扱うときは、必ずグローブをする。

2 必ず焚き火が許可された場所で、大人といっしょに行う。

3 風の強い日には、絶対に焚き火はしない。

4 焚き火の周囲に燃えやすい物は置かない。

5 バケツに緊急用の水を用意する。

6 緊急時以外は消火に水を使わず、キャンプ場の決まりに従って消火する。

7 最後にしっかりと消火を確認し、責任を持って焚き火を終える。

8 やけどと着衣への着火に注意! 燃えやすい素材の服で焚き火はしない。

9 もし着衣に火が燃え移ったら、「ストップ! ドロップ! ロール!」

ストップ

あせって走り回ると風で火勢が増すので、その場で止まる。

ドロップ

そのまま倒れて、燃えているところを地面に押し付ける。

ロール

ゴロゴロ転がって服についた火を消す。顔は両手でカバーしよう。

紹介する料理について

小学校中学年以上のお子さんが挑戦できるアウトドア料理を紹介しています。ただし、決して子どもだけでは行わず、大人がすぐ近くにいて、いっしょに行ってください。

調理時間の目安

道具や食材の準備がすんだ前提で、調理を始めてからできあがるまでの時間の目安。肉や野菜など、使用する食材の種類や大きさ、季節や気温などの条件によって変わります。

冒険度

調理の難易度を★で表しています。アウトドア料理の初心者ならまずは★1つのものから、中級者〜上級者は★が2つ、3つのものに挑戦してみてください。

自分で火をおこして作る

野菜ごろごろ ポトフ

自分で焚き火の火をおこすことが
できるようになっただろうか。
冒険食堂Part2の最初のメニューは、
野菜がごろごろ入ったポトフだ。
Part1で覚えた焚き火を使い、
自分の知恵と力を使って、安全に作ってみよう。

Recipe 01

30分

調理時間の目安

★★☆
冒険度

調理方法について

火のおこし方や調理方法の手順を説明しています。季節や気温によって調理時間は変わりますので、様子をみながら、そのつど調整しましょう。生ものを使うレシピについては、食材の鮮度や加熱不足に十分注意してください。

32

必要なものについて

各レシピで使用するとくに重要な道具をあげています。調理をするときはその他に下記のものを用意しましょう。

●薪や木炭

●焚き火台、グローブ、火ばさみ、着火剤、ライターなど焚き火の基本道具

準備

必要なもの
●鉄鍋
※この他に、野外調理の基本の道具も用意する(P.33参照)

食材
●ベーコン……100g
●ソーセージ……5本
●タマネギ……1/2個
●ジャガイモ……2個
●ニンジン……1/2本
●キャベツ……1/4玉
●コンソメの素……2個

●オリーブ油……適量
●水……600㎖(3カップ)
●塩・こしょう……各適量

調理前に準備

タマネギはくし形切りに、その他の野菜とベーコンは一口大に切っておく。

まずは火おこし

1 Part1の「焚き火の基本の流れ」(P.21~21)を復習しながら焚き火をおこす。まず〈大〉〈中〉〈小〉の3種類の薪を用意する。

一人だとむずかしい場合は無理せずに大人に手伝ってもらおう。

●鍋やフライパン、トング、木べらなどの調理器具

●緊急用の水バケツと消火のための火消しつぼ

食材について

使用する材料を記載しています。塩、砂糖、しょうゆ、植物油、こしょうなどの調味料が味つけの基本となるので、いつも持参しておくとよいでしょう。とくに記載のないものはすべて作りやすい分量です。レシピ中の小さじは5㎖、大さじは15㎖、1カップは200㎖です。

焚き火料理の火加減

焚き火の炎はガスやIHコンロのように、ダイヤル一つで強さを変えることはできない。燃える薪の数や組み方を変えることで、炎の大きさを調節することは可能だが、微調整はむずかしい。そこで焚き火料理では、炎と鍋の距離を変えて火加減を調節する。強火は鍋側面まで炎が上がるくらい。中火は炎が鍋底にしっかり当たるくらい。弱火は炎の先端と鍋底の距離が5〜10cmと覚えておこう。距離を変えるには、焚き火スタンドなどの鍋を吊るす道具があると便利(写真A)。また、焚き火台や炉台に網を渡してレンガを置く方法もある(写真B)。工夫して焚き火調理の達人を目指そう。

A　B

Part2

野外を
楽しむ
王道料理に
<ruby>挑<rt>ちょう</rt></ruby><ruby>戦<rt>せん</rt></ruby>

野菜ごろごろ ポトフ

自分で焚き火の火をおこすことが
できるようになっただろうか。
冒険食堂Part2の最初のメニューは、
野菜がごろごろ入ったポトフだ。
Part1で覚えた焚き火を使い、
自分の知恵と力を使って、安全に作ってみよう。

Recipe 01

30分

調理時間の目安

冒険度 ★★★

準備

必要なもの

● 鉄鍋

※この他に、野外調理の基本の道具も用意する（P.33参照）

食材

● ベーコン……100g
● ソーセージ……5本
● タマネギ……1/2個
● ジャガイモ……2個
● ニンジン……1/2本
● キャベツ……1/4玉
● コンソメの素……2個

● オリーブ油……適量
● 水……600mℓ（3カップ）
● 塩・こしょう……各適量

調理前に準備

タマネギはくし形切りに、その他の野菜とベーコンは一口大に切っておく。

まずは火おこし

1 Part1の「焚き火の基本の流れ」（P.20〜21）を復習しながら焚き火をおこす。まず〈大〉〈中〉〈小〉の3種類の薪を用意する。

一人だとむずかしい場合は無理せずに大人に手伝ってもらおう。

2 薪〈大〉を焚き火台に並べ、その真ん中に薪〈中〉を1本置き、両わきに着火剤を2個置く。

3 薪〈中〉と〈小〉、焚き付けを着火剤の上に屋根をかけるように並べる。横から見ると三角屋根の形になるようにする。

4 上手に薪が組めたら、ライターで着火剤に火をつけよう。

すべての薪に火がついたら薪〈中〉や〈小〉を少しずつ足していくが、あまり大きな炎にならないように。

いよいよ調理開始

5 鉄鍋を火にかける。炎の先端が鍋底にしっかり当たるよう、焚き火スタンドやレンガなどで調整しよう（P.34参照）。

6 鍋にオリーブ油を入れ、ベーコンとタマネギ、ジャガイモ、ニンジンを炒める。

7 6に水、キャベツ、ソーセージ、コンソメの素を入れて、沸騰するまで加熱する。焦げ付かないように気をつけて。

8 鍋の高さを調節して火から遠ざけ、鍋底に少し当たるくらいに。ふたをして15分煮込む。

9 野菜がやわらかくなったら、塩とこしょうで味を調えて完成。

Recipe 02

調理時間の目安 **40分**

冒険度 ★

水分の量と火加減がカギ

ほかほかご飯と
手作りふりかけ

焚き火でご飯を炊いてみよう。
清々しい風の中でほおばる白いご飯は、
とってもおいしいぞ!
上手にご飯を炊くコツは、お米と水の量を
正しく計量することと、絶妙な火加減。
ちょっとむずかしいけどやってみよう!

40

準備

必要なもの

- 飯ごう
- 小型フライパン
- レンガ2個

※この他に、野外調理の基本の道具も用意する（P.33参照）

食材

- 米……2合
- 水……450mℓ

※米のとぎ汁は栄養が豊富で自然環境への影響が大きいので、キャンプ場ではなるべく無洗米を使う

ふりかけの材料

- かつお節……2パック（約8g）
- いりごま……お好みで
- あおさ……お好みで
- しょうゆ・酒・みりん
　……各小さじ1

米を水につけて、火おこし

1 米と水を正確に計量し、飯ごうに入れて米を水につける。水は米の1.1倍の量が基本。水につける時間は30分〜1時間。

2 米を水につけている間に焚き火をスタート。焚き火台に薪を組み、着火剤に火をつける。

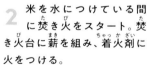

3 焚き火の炎が安定してきたら炊飯を始める。焚き火台に網を置き、ふたをした飯ごうをのせる。火力は鍋底にしっかり火が当たるくらいにする。

4 ふたのすき間から泡と湯気が出てきたら弱火にする。

ポイント 網の上にレンガを2個のせ、その上に飯ごうを置くとちょうどよい火加減になる。

5 弱火で10〜12分加熱し、飯ごうを火からおろして15分蒸らす。蒸らしは米のデンプンがのりのような状態になり、おいしくなる大切な時間。

ポイント 本当は開けないほうがいいけど、炊けているか心配なら蒸らす前に一度ふたを外してチェック。まだ水分が多く残っていたら、再度、数分間加熱する。

蒸らしの間にふりかけ作り

6　しょうゆと酒、みりんをフライパンに入れ、弱めの焚き火でひと煮立ちさせる。

7　6にかつお節を加えて、焦げないように気をつけながら炒める。汁けがなくなったら、いりごま、あおさを加えてさっと炒め、ふりかけの完成。炊きたてのご飯にかけてどうぞ。

これぞ絶品の ビーフステーキ

Recipe 03

調理時間の目安 20分

冒険度 ★★

あこがれの焚き火料理といえばビーフステーキ！
豪快に焼いたステーキは、
大人にも子どもにも大人気まちがいなし。
おいしく焼くコツはしっかりした時間の管理。
時計を用意して上手に焼いてね。

準 備

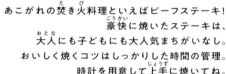

必要なもの

● 鉄のフライパン
● アルミホイル
※この他に、野外調理の基本の
道具も用意する（P.33参照）

調理前に準備

ステーキ肉は調理が始まる30分
前には常温に置いておく。

食材

● 好みの厚さの
　ステーキ用牛肉……1枚
● サラダ油……小さじ2
● 塩・こしょう……お好みで

ソースの材料

● 赤ワイン……大さじ1
● しょうゆ……小さじ1
● みりん……小さじ1
● チューブニンニク
　……お好みで

作り方

1 ステーキ肉の赤身と脂身の境目にナイフで切り込みを入れて筋切りをし、塩とこしょうをふる。

塩は焼く直前にふる。早くにふっておくと肉の旨みがしみ出てしまう。

2 焚き火や炭火で熱したフライパンにサラダ油を広げ、ステーキ肉を入れる。

3 ジュワーッと肉が焼ける音を聞きながら60秒焼き、ステーキ肉を裏返して反対側を90秒焼く。

裏返したら焦げ目がついているか確認。ついてないなら火が弱い。

4 焼き上がったステーキ肉をアルミホイルで軽く包み、3分間休ませる。

肉の厚さ1cmのとき、中火〜強火で表 裏60秒+90秒が基本。ただし肉の厚さで時間が変わるので、好みの焼き時間を自分で見つけよう。

5 最後にソース作り。ソースの材料を、肉を焼いたフライパンに入れてひと煮立ちさせる。ステーキにかけて完成。

調理時間の目安

冒険度 ★★★

包むだけでとっても簡単！

いろいろ食材で
アルミホイル焼き

30分

BBQの定番は肉やソーセージだけど、
せっかくだからおいしい魚や野菜も
たっぷり食べたいよね。
そんなときのおすすめがアルミホイル焼き。
アイデア次第でいろんな調理ができるよ。
ぜひオリジナルのホイル焼きを考えてみてね。

準備 (じゅんび)

必要なもの

● BBQコンロ
● 焼き網 (あみ)
● アルミホイル
※この他に、野外調理の基本 (きほん) の道具も用意する (P.33参照)

食材

● サケの味噌マヨホイル焼き
- サケの切り身……1切れ
- タマネギ……1/2個
- 塩・こしょう……各適量 (てきりょう)
- 味噌 (みそ)……小さじ1/2
- マヨネーズ……大さじ1

● チョコバナナのホイル焼き
- バナナ……1本
- 板チョコ……1/3枚 (まい)
- 洋酒 (ようしゅ)……大さじ1/2

● バラエティ肉巻き焼き (まき)
- 豚薄切り肉 (ぶたうすぎり)……6枚 (まい)
- ミニトマト……2個 (こ)
- アスパラガス……2本
- カボチャ (スライス)……2枚 (まい)
- 塩・こしょう……各適量 (てきりょう)

調理前に準備 (じゅんび)

サケの切り身と豚肉 (ぶたにく) に、塩とこしょうをふっておく。タマネギは薄 (うす) くスライスし、アスパラガスは半分の長さに切る。味噌 (みそ) とマヨネーズは混ぜ合わせておく。アルミホイルは約30cmの長さで3枚 (まい) 用意する。

具材を包む

サケの味噌マヨホイル焼き

1 アルミホイルの上にスライスしたタマネギをたっぷりと敷き、その上に皮を下にしてサケの切り身を置いて、塩・こしょうする。

下に敷くタマネギが、食材が焦げるのを防いでくれる。

2 サケの上に味噌マヨを塗るようにのせ、アルミホイルでしっかり包もう。

バラエティ肉巻き焼き

1 豚薄切り肉でミニトマト、アスパラガス、カボチャを巻き、塩・こしょうしてアルミホイルで包む。

チョコバナナのホイル焼き

1 包丁でバナナの皮に切り込みを入れて、半分だけ皮をむき、バナナの表面に縦に切り込みを入れ、チョコをはさむ。

2 1に洋酒をかけてから、アルミホイルで包む。

洋酒が香りづけと焦げつき防止に役立つ。大人の人に頼んで、しっかりとバナナにかけてもらおう。

ポイント 食材をアルミホイルで包む。すき間があると蒸気がもれて、上手に調理できないことがあるので、しっかり包むこと。

いよいよ、ホイル焼きの開始

1 よく熱した炭火の上に網をのせ、食材を包んだアルミホイルを並べる。食材にしっかり火が通ったら完成。炭火の強さによるが、チョコバナナは5分、サケと肉巻きは15〜20分が加熱の目安。

Recipe 07

調理時間の目安 **20分**

冒険度 ★★

組み合わせは自由自在

ホットサンド メーカーで ほっかほかパン

焚き火で簡単に作れる
ホットサンドに挑戦しよう。分厚い鉄板で
食材をはさんで調理できるホットサンドメーカーは、
定番のハムチーズサンドやツナマヨサンドの他にも、
アイデア次第でいろんなメニューが作れるよ!

準備

必要なもの

● **ホットサンドメーカー**
※この他に、野外調理の基本の道具も用意する(P.33参照)

調理前に準備

トマトは厚めの輪切り、タマネギは薄くスライスし、ツナとマヨネーズを混ぜておく。

食材

● **8枚切り食パン**⋯⋯**4枚**
● **ハム**⋯⋯**1枚**
● **トマト**⋯⋯**1枚**(輪切り)
● **とろけるチーズ**⋯⋯ お好みで
● **ツナ缶**(小)⋯⋯**1缶**
● **タマネギ**⋯⋯**1/4個**
● **マヨネーズ**⋯⋯ お好みで

ホットサンドメーカーを使ってみよう

1 ホットサンドメーカーに食パンを1枚入れ、お好みの食材をのせる。

おすすめは「ハム×トマト×チーズ」「ツナ×タマネギ×マヨネーズ」の組み合わせ。

2 1の上にパンをのせて具材をはさみ、ホットサンドメーカーをしっかりと閉じる。

食材はパンからはみ出さないように気をつける。

いよいよホットサンドを焼こう

3 弱火の焚き火か炭火の上でホットサンドメーカーを2分間加熱する。

大きな炎の焚き火で焼くと、すぐに焦げてしまうので注意!

4 2分たったら裏返して反対側も2分間加熱。

厚手の革手袋をして、やけどに気をつけること。

5 一度開いてみて、きれいなきつね色に焼けていたら完成だ。

まだ焼けてないときは、裏表30秒ずつ追加で加熱しよう。

タルトタタン風ケーキ

調理時間の目安 **30**分

冒険度 ★★★

リンゴを砂糖で炒め、タルト生地といっしょに焼いた
フランス伝統のデザート「タルトタタン」。
タタンさんがリンゴと砂糖をソテーするときに失敗し、
焦がしてしまったことから生まれたそう。
今回はホットケーキミックスで作ってみよう!

準備

食材　3枚分

● リンゴ……1〜2個

● ホットケーキミックス
　……**150**g

● 卵……**1**個

● 牛乳……**100**mℓ

● グラニュー糖
　……大さじ**3**(1枚分は大さじ1)

● 無塩バター
　……小さじ**6**(1枚分は小さじ2)

調理前に準備

リンゴは芯を抜き、
厚さ2mmくらいにスライ
ス。リンゴの皮は
むいても、そのままで
もどちらでもOK。

ホットケーキミックスで生地を作る

1 ホットケーキミックスに卵と牛乳を混ぜ、生地を作ろう。

ホットケーキミックスの説明書通りの分量で作る。

カラメルを作って、リンゴを並べる

2 ホットサンドメーカーにグラニュー糖大さじ1と無塩バター小さじ2を入れて炭火にかける。焦がさないよう混ぜながら加熱しよう。

3 グラニュー糖が溶けてきたら、一度火からおろして、リンゴを並べる。

リンゴはたっぷり入れること。見た目の美しさも考えて、並べ方を工夫してみよう。

4 リンゴを並べたホットサンドメーカーを再び炭火にかけ、リンゴをソテーする。

5 リンゴの果汁（かじゅう）が出てい
い香（かお）りがしてきたら、1の
ホットケーキの生地（きじ）をリンゴ
全体に広がるように入れる。

生地（きじ）の1/3をお玉ですくって入れ
る。あふれないように注意すること。

6 ホットサンドメーカーを
閉（と）じて、リンゴ側を下に
して炭火で3分間加熱。

7 3分たったらひっくり返
し、生地（きじ）側を下にしても
う3分間加熱する。

8 時間が来たら一度、開け
てみて、両面にいい焦（こ）げ
目がついていたら完成。まだ
早いときは、もう少し時間を
かけて加熱しよう。

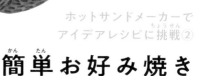

簡単お好み焼き

調理時間の目安 **20**分

冒険度 ★★☆

ホットサンドメーカーなら、
焚き火でお好み焼きもできる!
材料を混ぜて焼くだけだから、気軽に作れて、
しかもとってもおいしい!

準備

食材 1枚分

- シーフードミックス
  ……1/2カップ
- キャベツ……1/8玉
- お好み焼き粉
  ……大さじ3

調理前に準備

キャベツはみじん切り
にする。

- 水……大さじ2
- 卵……1個
- 油……小さじ1
- ソース、マヨネーズ
  ……お好みで

作り方

1 キッチンペーパーを使い、ホットサンドメーカーの両面に油を塗る。

2 ボウルにキャベツ、お好み焼き粉、水、卵、シーフードミックスを入れてよく混ぜる。

3 ホットサンドメーカーに2の具材を入れてはさみ、両面をよく焼く。焼き時間は片面約4分、両面で約8分が目安だ。

4 一度開いてみてきれいに焼き目がついていたら、ソースとマヨネーズをかけて完成。

Recipe 10

調理時間の目安 **90**分

冒険度 ★★

焚き火でチャレンジ

ダッチオーブン で作る チキンの丸焼き

焚き火料理に欠かせないアイテムが
ダッチオーブン。この厚い鉄でできた大きな鍋は、
焼く・煮る・蒸すなどさまざまな調理に対応可能。
あこがれのチキンの丸焼きだって
簡単にできてしまうぞ!

準備 <ruby>準<rt>じゅん</rt></ruby><ruby>備<rt>び</rt></ruby>

必要なもの

● ダッチオーブン

（10～14インチ）

※この他に、野外調理の基本の道具も用意する（P.33参照）

注意

ダッチオーブンのサイズによって、調理できる食材の量や大きさが変わる。チキンの丸焼きの場合、一般的な10インチサイズだと1kgの丸鶏がちょうどよく、2kgの丸鶏を焼くなら14インチの大型ダッチオーブンが必要になる。またダッチオーブンは非常に高温になるので、取り扱い時には革手袋を使い、やけどなどに十分注意すること。

食材

● 丸鶏（下処理済み）……1羽
● ジャガイモ……3個
● タマネギ（小）……2個
● セロリ……1本
● ニンニク……4～5かけ
● オリーブ油……大さじ1
● 塩……大さじ1／2～1

（肉1kgに塩大さじ1／2が基本）

● 好みのスパイス（こしょう、バジル、パセリ、ローズマリーなど）
……適量

調理前に準備

タマネギは厚めの輪切り、セロリは5cmほどに切る。ジャガイモは皮付きのままよく洗い、芽は取る。

丸鶏の下準備

1 丸鶏全体に塩とスパイス、つぶしたニンニクを手ですり込む。

おなかの中にもがんばってすり込むこと!

2 両脚をたこ糸で縛り、ビニール袋に入れて1時間ほどなじませておく。

炭火とダッチオーブンの準備

3 大量の炭火を使うので、焚き火台にたくさんの炭をおこそう。

4 ダッチオーブンの底にタマネギとセロリを敷き詰める。

下からの火で鶏肉が焦げ付かないように、十分な量のタマネギやセロリを入れる。底網を入れるより野菜を使ったほうが、香りよくジューシーに仕上がる。

いよいよ丸焼きの開始！

5 ダッチオーブンの中に2の丸鶏とジャガイモを入れ、上からオリーブ油をふりかける。

背が上のほうが収まりがいい。鶏肉がふたに接すると焦げるので注意すること。

6 ダッチオーブンを炭火にかけ、ふたの上にも炭火をのせる。

ここがダッチオーブンの魅力。上からも炭火で加熱できる。炭の量は、下3：上7くらいの割合で。ふたの上の炭はドーナツのように円形に配置しよう。

7 30分加熱したら、下の炭をすべてふたの上に移動する。

8 さらに50～60分、ふたの上の炭火で焼き続けて完成だ。

Recipe 11

調理時間の目安 **40**分

冒険度 ★ ★ ★

カレー風味の炊き込みご飯・チキンビリヤニ

アウトドア料理に熱々で辛い
スパイス料理はどうだろう？
インド伝統のカレー風炊き込みご飯「ビリヤニ」が
ダッチオーブンで作れる。
自分で辛さを調整できるぞ！

準備

必要なもの

- ダッチオーブン

（10〜14インチ）

※この他に、野外調理の基本の道具も用意する（P.33参照）

調理前に準備

米は軽く水で洗い、ザルにあげておく。トマトとタマネギは粗いみじん切りにする。

辛みの苦手な人は、カレー粉の量を少なめにしよう。

食材

- 米……2合
- 鶏手羽元……6本
- トマト……1個
- タマネギ……1／2個
- カレー粉……小さじ2〜4
- ケチャップ
……大さじ1と1／2
- 塩……小さじ1
- オリーブ油……小さじ1
- 水……360㎖
- カップヨーグルト（無糖）
……1個
- チューブニンニク・
チューブショウガ
……各お好みで

まずはチキンをつけ込む

1 ボウルに鶏手羽元、ヨーグルト、カレー粉、ケチャップ、塩を入れてよくもみ込む。お好みでチューブのニンニクとショウガも入れよう。

もみ込んだあと、30分以上つけておく。つける時間が長いほどよく味がしみ込むぞ！

いよいよ調理を開始

2 炭火で熱したダッチオーブンにオリーブ油を入れ、トマトとタマネギを炒める。

3 タマネギに火が通ったら、1の鶏手羽元をつけたヨーグルトごとダッチオーブンに入れ、さらに炒める。

4 鶏手羽元に軽く焼き色がついたら、米を入れて全体をかき混ぜる。

ここからがダッチオーブンの見せどころ

5 ダッチオーブンに水を入れてふたをする。

ふたを閉じる前に、中の具材をキレイに並べる。お肉はいちばん上に!

6 ダッチオーブンのふた
　の上に着火した炭を円
形に配置する。

上からも加熱。下の炭は少なくし、
炭火の強さは上7：下3の割合で。

7 5分ほどで沸騰する。ふ
　たのすき間から湯気が
出てきたら炭火からおろす。
上の炭火はそのまま。

8 ふたの上の炭火で20分
　加熱したら、すべての炭
火を外して10分間蒸らす。

9 時間が来たらふたを開
　け、炊き上がっていたら
完成だ。

まだ早いときは、ふたの上に炭火を
のせて5～10分再加熱する。

Recipe 12・13

調理時間の目安 **30**分

冒険度 ★★★

炭火で挑戦！
世界で人気の
焼き肉料理

炭火で肉を焼くBBQは世界中で大人気。
いろんな国にいろんな焼き肉メニューがある。
そんな海外の焼き肉料理から、
インドの「タンドリーチキン」と
ギリシャの「スブラキ」に挑戦してみよう。

準備

必要なもの

- BBQコンロ
- BBQ網
- 竹ぐし

※この他に、野外調理の基本の道具も用意する（P.33参照）

調理前の準備

鶏肉と豚肉は一口大に切り分け、塩とこしょうで下味をつけておく。

食材

タンドリーチキン

- 鶏肉……150g
- ヨーグルト(無糖)……1カップ
- ケチャップ……大さじ1
- オリーブ油……大さじ1
- カレー粉……お好みで
- チューブショウガ……適量
- 塩・こしょう……各適量

スブラキ

- トンカツ用豚ロース肉……1枚
- チューブニンニク……適量
- オレガノ……お好みで
- オリーブ油……大さじ1
- レモン……1／2個
- 塩・こしょう……各適量

タンドリーチキンとスブラキ

タンドリーチキンはインド北部の郷土料理で、スパイスとヨーグルトにつけ込んだ鶏肉をタンドールと呼ばれる筒形のオーブンで焼いて作る。インド伝統のダヒと呼ばれるヨーグルトと、たくさんの香辛料を混ぜ合わせて作ったオリジナルのマサラ(ミックススパイス)は料理人ごとにこだわりがあるので、いろいろなインドレストランで食べ比べてみたら楽しい。

スブラキは美食の国ギリシャを代表する料理の一つ。スブラはギリシャ語で「くし」を意味していて、日本語の「くし焼き」と同じ意味の料理名だ。一番人気なのが羊肉や豚肉のスブラキ。オリーブ油と塩、そしてレモンの組み合わせが香ばしくて、ついつい食べすぎてしまうギリシャっ子も多いそう。

肉に味つけ!

1 タンドリーチキンは、ボウルに鶏肉、ヨーグルト、ケチャップ、オリーブ油、カレー粉、チューブショウガを入れて混ぜ合わせる。

辛いのが苦手な人は、カレー粉とショウガの量を少なめにする。

2 スブラキは、豚肉にチューブニンニク、オレガノ、オリーブ油をふりかけ、しっかりもみ込もう。

木炭に着火する復習(P.26参照)

3 BBQコンロの上に、着火剤、炭おこし器をセットし、木炭を詰める。

なるべく木炭同士が重ならないよう縦に並べよう。

4 安全を確認し、着火剤に火をつける。熱い空気が上昇する煙突効果により、あっという間に炭は真っ赤に燃え上がるはずだ。

いよいよBBQスタート

5 炭おこし器の木炭を BBQコンロに移し、 BBQ網を熱しよう。

BBQ網の20cm上に手をかざして、 炭火の火力が十分かどうか確認する（P.27参照）。

6 鶏肉と豚肉をBBQ網に 並べ、焼いていく。スブ ラキの豚肉は竹ぐしに刺し て焼き鳥のようにするのが 本場風。

7 こんがりと焼き目がつい たら裏返す。ここでスブ ラキの上にスライスしたレモ ンをのせる。タンドリーチキ ンもスブラキも、全体に火が 通ったら完成だ。

Recipe 14

調理時間の目安 **40**分

冒険度 ★★★

自分で魚を釣って焼いてみよう！

ＢＢＱコンロで
香ばしく！
魚の炭火焼き

「自分で釣った魚を炭火で焼く」。大自然の中、
香ばしく焼けた魚の塩焼きをほおばるのは
最高の贅沢だ。魚釣りが初めてという人は、まずは
安全な管理釣り場で挑戦するとよいだろう。
自分で釣った魚なら、その味わいもひとしお。
自然の恵みに感謝し、おいしく食べよう!!

準備

必要なもの

- BBQコンロ
- BBQ網
- 竹ぐし
- アルミホイル

※この他に、野外調理の基本の道具も用意する（P.33参照）

食材

- 魚（今回はニジマス）……人数分
- 塩……適量

まずは魚の下処理

1 魚の内臓やエラを取り除く。写真の赤線のところに包丁で切り目を入れ、内臓とエラを取り出し、水洗いする。塩は少し多めにふる。

ポイント 水を流しながらきれいにする。魚の下処理は釣った魚への感謝を込めて、ていねいに。できるだけ自分でやろう！

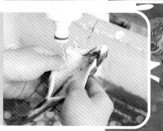

2 竹ぐしを魚の口から入れて、エラから出し、エラのすぐ横から身へ突き刺す。中骨に沿うように尾までくしを打つ。

ポイント あらかじめ包丁で、エラのすぐ横に、竹ぐしを刺しこむ切り込みを入れておくと、くしを打ちやすい。

炭火の準備

3 大量の炭火を使うので、BBQコンロにたくさんの炭をおこそう。

焼く前にBBQコンロの網をよく熱する。炭火焼きは「弱火で長時間」が基本。BBQコンロ全体に火のついた炭を広げて、1か所が熱くなりすぎないように注意。

いよいよ魚焼きスタート

4 BBQ網が熱くなったら魚を並べる。

一度BBQ網に置いた魚を動かすと皮と身がぐちゃぐちゃになるので、置いたら動かさないように。

5 弱火でゆっくり焼く。魚全体をアルミホイルでおおうと、中までじっくりと火が通る。魚から脂（あぶら）がポツポツ落ち始めてもそのままにしておく。

6 指でくしを持ち上げ、軽い力で動く感触（かんしょく）があったらひっくり返すタイミング。ここで無理は禁物（きんもつ）。ていねいに裏返（うらがえ）そう。返すのはこの1回だけ。裏面（うらめん）にもしっかりと焦（こ）げ目がついたら完成。

管理釣（つ）り場（ば）で初めての魚釣（つ）りに挑戦（ちょうせん）

管理釣（つ）り場（ば）とは、渓流（けいりゅう）などの自然の地形を利用して作られた釣り施設（しせつ）のこと。通常の釣り堀（ぼり）より自然に近い環境（かんきょう）だが、しっかり管理されているため安全に釣りを楽しむことができ、初心者には最適（てき）だ。利用方法は簡単（かんたん）。まず受付で料金を支払（しはら）い、竿（さお）や網（あみ）を貸（か）してもらったら、早速（さっそく）、釣りのスタート。初めてなら餌（えさ）はイクラがオススメ。針（はり）に2個くらいつけてやってみよう。自

然環境（かんきょう）の中にある釣り場なので、魚のいる場所は季節や時間によってさまざま。よく釣れるポイントはスタッフが教えてくれる。浮きがぴくぴくと動き、指先に振動（しんどう）が伝わったらチャンスだ。上手（じょうず）に釣れたら、すぐに針（はり）を外して水バケツや網（あみ）に移（うつ）すこと。魚を触（さわ）るのが初めてで怖（こわ）い人は、軍手をつけるとよい。魚釣りは魚の大切な命をいただくことになる。魚の命に敬意（けいい）を払（はら）い、真剣（しんけん）に楽しんでほしい。

調理時間の目安 **150**分

じっくり焼いて甘さを引き出す

焚き火で本格派
石焼きイモ

甘くホッコリしたサツマイモは好きですか?
サツマイモの旬は寒くなる秋から冬にかけて。
どんなふうに調理してもおいしいけど、
やはり一番人気は石焼きイモ。
焚き火でじっくり焼くと至福のおいしさに!

冒険度 ★★★

準備

必要なもの

● 玉砂利

● 鉄鍋（直火可能なもの）

※この他に、野外調理の基本の
道具も用意する（P.33参照）

食材

● サツマイモ
　……好きなだけ

注意

石焼きイモに使う石は玉砂利が扱いやすい。拾った石も使えるが、熱で割れたりすることもあり、注意が必要。また私有地はもちろん、河川敷や海岸で許可なく多量の石を採取するのは禁止されている。玉砂利の煮沸消毒は非常に熱くなり危険なので、注意して作業しよう。洗浄・消毒の必要がない石焼きイモ専用の石も販売されている。

調理前に準備

掘りたてのサツマイモは甘くない。2週間ほど冷暗所で保存し熟成させよう。

まずは玉砂利をキレイに

1 市販の園芸用玉砂利は汚れが付いているので、バケツに入れて水洗いする。

2 焚き火を用意し、鉄鍋に玉砂利と水を入れ、火にかけて煮沸消毒する。

水が沸騰したら水を捨てる。熱いので注意して!

いよいよ石焼きイモのスタート

3 水を捨てた玉砂利入りの鉄鍋を再び火にかけ、玉砂利を熱する。残った水けが蒸発し、玉砂利が熱くなるまで、どんどん強火で加熱しよう。

4 熱せられた玉砂利の上に、洗ったサツマイモを並べ、ふたをする。

ポイント イモの水分をとばすために、ふたは完全に閉じず、大きめのすき間をあけること。

76

5 焚き火の火を少し弱め、中火で約1時間、加熱を続ける。1時間たったらふたを開けてサツマイモを裏返す。再びふたをして45〜90分焼き続ける。

イモの太さによって焼き時間は変わるので調整しよう。

6 竹ぐしでイモのいちばん太いところを刺してみて、スッと竹ぐしが通ったら完成だ。

おいしい石焼きイモを作るには

おいしい焼きイモを作るいちばんのコツは「サツマイモを熟成させる」こと。イモ掘りしたサツマイモはすぐに食べず、2〜4週間涼しい場所に置いて熟成させよう。次にだいじなのが、焼くときの「温度管理」。甘さを引き出すにはゆっくり加熱することが大切だから、石焼きでじんわり火を通すのがベスト。最後に「ふたを密閉しない」こと。ふたを閉じてしまうと、水分が焼きイモの中に残り、甘みが薄れてしまうんだ。だからふたは密閉せず、大きめのすき間をあけて水分をとばしながら加熱しよう。

ダッチオーブンってすごい！

チキンの丸焼きやビリヤニ（炊き込みご飯）の調理で活躍するダッチオーブンは、焚き火料理を楽しむのに欠かせないすごいお鍋なんだ。見た目はただの鉄鍋のようだけど、これが1つあるだけで、焼く・煮る・蒸すなどさまざまな調理に対応できる万能選手。

ダッチオーブンは、もともとアメリカ開拓時代に野外で使われていた鍋がルーツだと言われている。鍋全体が厚く頑丈な鉄でできているため、中の食材にしっかりジワジワと熱が伝わり、おいしく調理できる。また、他の鍋とのいちばんのちがいが、ふたの上に炭火をのせられること。こうすると上からもオーブンのように加熱でき、シチューなどの煮物だけでなく、ローストチキンやパンなどを焼くことが可能になる。

「ダッチ」は「オランダ人の、オランダ製の」という意味。町やお店なんかまだない開拓時代のアメリカで、オランダ出身の商人が荷馬車に鉄鍋を積んで売り歩いたとの伝説があるそうだよ。

ダッチオーブンのサイズは？

多くのサイズがあるダッチオーブンだけど、定番のサイズは8インチ、10インチ、12インチ、14インチの4種類。
煮込み料理なら10インチあれば4人家族でピッタリだけど、丸鶏のローストを作るなら14インチが欲しくなる。大きければ便利だけど、すごく重いので、よく考えて選ぼう。

驚きレシピ
に挑戦！

Part3

創意工夫で
野外料理は
自由自在

こんがりおいしい！

牛乳パックで
カートン
ドッグ

牛乳パックでホットドッグを焼いてみよう。
「ええ？ なんで牛乳パック？」って思ったよね。
そんな驚きが冒険食堂の楽しさだ。
おなじみのソーセージホットドッグや
ポテサラドッグの他にも、いろいろな
組み合わせに挑戦してみよう!!

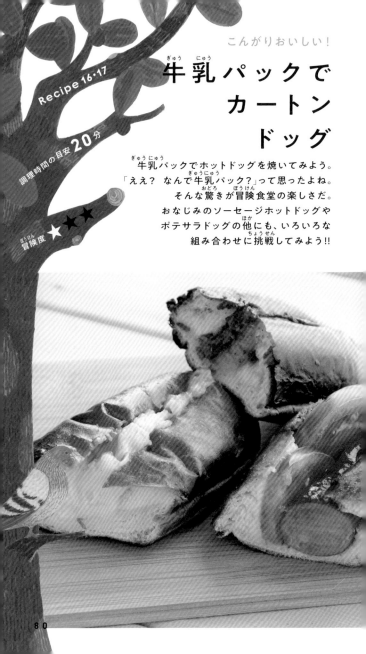

準備
じゅんび

必要なもの

- 牛乳などの1ℓの
  ぎゅうにゅう
  紙パック……2本
- 太めの薪……1本
  まき
- アルミホイル

※この他に、野外調理の基本の
  ほか
道具も用意する（P.33参照）
き ほん

食材

- ホットドッグ用パン……2個
  こ
- ロングソーセージ……1本

  （なければ短いソーセージ2本）

- トマト……1／4個
  こ
- ポテトサラダ……お好みで
- マヨネーズ・
  ケチャップ……各適量
  てきりょう

調理前に準備
じゅんび

紙パックは洗って、よく乾かしてお
              あら   かわ
く。トマトは好みの
大きさにカットし、
パンは真ん中に
切り目を入れて
   こ
おこう。

パンに具材をはさもう！

【 ホットドッグ 】

1 パンにロングソーセージ
とカットトマトをはさむ。
好みでキャベツやチーズを
はさんでもおいしい。

【 ポテサラドッグ 】

2 ポテトサラダをパンに
詰めてマヨネーズをか
ける。ポテトサラダは自家製
                        せい
でも市販のものでもOK。
   しはん

3 具材をはさんだパンをアルミホイルで包む。パンが焦げないよう、アルミホイルは二重にしよう。

アルミホイルとパンの間に適度な空間ができるよう、フワッとゆるめに包もう。

4 紙パックに3のアルミホイルで包んだパンを詰め込む。

具材をはさんだパンの上下に注意。どっち向きで紙パックに詰めたか覚えておこう。

いよいよ火をつけます

5 焚き火台の端に薪を置き、そこに立てかけるように紙パックを並べる。紙パック同士がくっつかないよう、すき間をあけておく。

6 ライターで紙パックの飲み口側に着火する。

紙パックの上部を少し破っておくと、火がつきやすい。

7 紙パック全体がすべて
燃え尽きたら完成。

8 やけどに気をつけながら
アルミホイルを開こう。
ホットドッグには、
ケチャップをお好
みでかけて。

ホットドッグのお話

パンにソーセージをはさんだホットドッグは好きですか？　ホット
ドッグが生まれたのは19世紀のアメリカ。移民の国アメリカには
いろいろな国から、たくさんの人が集まっていた。その中にフラン
クフルトソーセージで有名なドイツ・フランクフルト出身の人たち
もいた。彼らは故郷自慢のおいしいソーセージを街角で売り出し
たけど、熱々のソーセージは手で持ちづらいよね。そこでパンに
はさんだホットドッグが誕生したんだ。食べやすくておいしいホッ
トドッグはアメリカで大人気となり、今では世界中に広がった。
ところで料理名がなぜドッグ（犬）なんだろう。じつはアメリカ人
は細長いフランクフルトソーセージをダックスフントソーセージと
呼んでいたんだ。そこから熱々でおいしいソーセージ入りパンを
「ホットドッグ」と呼び始めたんだって。

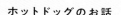

Recipe 18

調理時間の目安 **90**分

冒険度 ★★★

段ボール箱 オーブンで作る ロービーフ

段ボールオーブンは、どこの家庭にもある
段ボール箱で作ったオーブンだ。
紙なんてすぐに燃えそうだけど
大丈夫なんだろうか!?
上手に工作できたら、自作のオーブンで
豪華なローストビーフが焼けるぞ。
ぜひ自分の目で確かめてみて!

必要なもの

- 段ボール箱
  （今回は45×30×30cm）
- アルミホイル
- BBQ網
  （段ボール箱に入る大きさ）
- 金属製の丸棒2本
- アルミテープ
- 工作のり
- ガムテープ
- カッターナイフ
- 鉄のフライパン〈大〉〈小〉
  （直火可能なもの）
- レンガ
- 木炭

※この他に、野外調理の基本の道具も用意する（P.33参照）

食材

- 牛モモかたまり肉……500g
- 塩……小さじ2
- こしょう……お好みで

調理前に準備

牛肉は調理が始まる30分前には常温に置いておく。

段ボール箱オーブンの組み立て方

1 段ボール箱の接着部を開いて、たいらな状態にし、内側の全面にアルミホイルを工作のりとアルミテープで貼る。

熱した時に有害な物質の出ない、デンプンを使った工作のりを使おう。

2 貼り付けたアルミホイルが破れないように注意して、段ボール箱を組み立てる。外側の接着にはガムテープを使っても大丈夫。

3 段ボール箱を縦に置いた状態で、両側面の2／3の高さのところに穴を2個ずつあけ、丸棒を差し込み、網をのせる。

4 十分に加熱した木炭をたっぷりと用意し、鉄のフライパン〈小〉にのせる。

5 段ボール箱オーブンの中にレンガを置く。その上に、4の木炭をのせたフライパン〈小〉を置く。

6 段ボール箱オーブンのふたを閉じて、オーブンの庫内を予熱する。

予熱の間に肉の準備

7 牛肉に塩とこしょうをすり込み、熱々のフライパン〈大〉で裏表と側面を軽く焼く。焼きすぎに注意。

いよいよオーブン調理のスタート

8 牛肉全体に焼き目がついたら、フライパンごとオーブンの中に入れる。オーブン内の炭火が少ない場合はここで追加。ふたを閉めて20～30分焼く。

段ボール箱の外側に手を置き、熱々なら火力は十分。楽々触れるようなら、炭火を足して火力を上げる。

9 時間が来たらオーブンからフライパンを取り出し、アルミホイルに包んで15分休ませる。

出してすぐに切ると、おいしい肉汁(にく じゅう)が流れ出てしまうので注意。

10 休ませた牛肉を薄く(うす)スライスし、好みのソースで食べよう。おすすめは、しょうゆ＋レモン汁(じる)で作ったさっぱり和風レモンソース。

段ボール箱オーブンの注意点

段(だん)ボール箱オーブンの庫内温度は180度程度まで上昇(じょうしょう)する。そんなに熱くなるなら、紙製(かみせい)のオーブンはあっという間に燃えて(も)しまいそうだが、紙が燃え(も)出す発火温度は250〜450度(新聞紙で290度)と高温なので、簡単に燃え(かんたん)(も)(だ)出したりはしない。でも、食材の脂(あぶら)(あぶら)(おお)が炭火にこぼれたり、高熱の木炭が直接段(だん)ボールに触れると炎(ふ)(ほのお)が立ち上り(た)(のぼ)火事になるので注意すること。

段(だん)ボール箱オーブンを使えば他(ほか)にもいろんなオーブン料理を焼くことができる。あれこれ試してオリジナルのメニューを考えてほしい。ただし、段ボール箱オーブンはくり返し使うと劣化(れっか)してしまう。一日調理を楽しんだら処分(しょぶん)してしまおう。

段ボール箱 オーブンで 手作りピザ

アウトドア料理にピザはぴったり。
生地をこねてのばし、好きな具材をのせるだけ。
焼きたてをぜひ。

Recipe 19

調理時間の目安 **60分**

冒険度 ★★★

準備

食材 **3枚分**

ピザ生地
- 強力粉……**200g**
- 薄力粉……**50g**
- ドライイースト……**6g**
- 砂糖……**小さじ2**
- 塩……**小さじ1/2**
- オリーブ油……**大さじ1**
- 水……**150mℓ**

トッピング
- ピザ用ソース、
  ピザ用チーズ
  ……お好みで
- ソーセージ
  ……**5本**

※この他に野菜やベーコン、ツナなど、お好みのトッピングを用意しよう

作り方

1 ボウルに塩以外の生地の材料を入れて混ぜ合わせる。その後、塩を加えて強くこねる。

2 1をしっかりとこねたら、生地を3等分してラップで包み、常温で30分ほど発酵させる。

3 鉄のフライパンにオーブンシートを敷いて生地をのせ、丸くのばす。

生地にはピザソースを塗り、薄切りにしたソーセージとチーズをのせる。

4 予熱した段ボール箱オーブンに3をフライパンごと入れて、ふたを閉じる。15分加熱し、生地に焦げ目がつき、チーズがとろけたら完成だ。

ベーコンもチーズもできる！

段ボール箱 くん製器で スモーク料理

くん製は肉や魚などを煙でいぶして保存する調理法。
みなさんが大好きなベーコンやソーセージも
くん製の一種。食べ物を煙でいぶすなんて、
本当においしくなるのかな？
段ボール箱で作る方法を紹介するぞ。

必要なもの

- ●段ボール箱

  （今回は43×32×25cm）

- ●BBQ網

  （段ボール箱に入る大きさ）

- ●金属製の丸棒2本

- ●くん製用スモークウッド

  （今回はヒッコリー）

- ●アルミ鍋

- ●レンガ

- ●ガムテープ

- ●食品ラップ

- ●カセットガストーチ

- ●アルミホイル

※この他に、野外調理の基本の道具も用意する（P.33参照）

スモークウッドとは？

木材を粉状にして固めたもので、煙が持続的に出てくん製を気軽に楽しめる。樹種によって香りが変わるので、いろいろ試してみてほしい。

- ●サクラ

  香りが強めで肉との相性がいい。

- ●リンゴ

  甘くやわらかな香りで鶏肉や白身魚に。

- ●ヒッコリー

  どんな食材にも使いやすい。北米で人気。

食材

- ●豚かたまり肉……200g
- ●刺身用サーモン……1さく
- ●ちくわ……3本
- ●棒状のチーズ……3本
- ●うずら卵の水煮……6個
- ●6Pチーズ……2個

- ●リンゴ……1／4個
- ●塩……小さじ3
- ●はちみつ……小さじ2
- ●塩・こしょう、スパイス……お好みで
- ●めんつゆ……適量

まずは食材の準備

1 豚かたまり肉に塩小さじ2、はちみつ、好みのスパイスをもみ込み、食品ラップで包んで2時間ほど味をなじませる。

2 1の豚肉を食品ラップのまま沸騰した湯に入れ、15〜20分ゆでて火を通す。

本物のベーコンを作るのは手間がかかるが、事前にゆでるこの方法なら簡単で安全だ。ゆで上がったらラップは外し、表面を乾かしておくこと。

3 サーモンに塩小さじ1とこしょう、スパイスをふりかけ、キッチンペーパーで包んで2時間ほど冷蔵庫かクーラーボックスに入れる。こうすると余計な水分が除ける。

くん製にするとき食材表面の水分は禁物だ。くん製を始める前によくふき取って、乾かしておこう。

4 ちくわはチーズを差し込み、3等分する。リンゴは皮付きのままくし形切りに。うずらの卵はめんつゆに1時間つける。6Pチーズも用意する。

段ボール箱くん製器の用意

5 段ボール箱を組み立て、ふたを開けられる状態にしておき、その他はガムテープで貼っておく。側面の真ん中あたりに穴を2個ずつあけ、丸棒を2本差し込み、棚を作る。

6 スモークウッドを10cmくらいの長さに折り、ガストーチで着火する。煙がしっかり出るのを確認したら、アルミ鍋にのせて段ボール箱の中に入れる。下にレンガを敷くこと。

ポイント ライターでも着火可能だが、むずかしい。ガストーチでしっかり熱したほうが、途中で消えることがない。

7 網に食材を並べる。うずらの卵と6Pチーズはアルミホイルで作った皿にのせる。段ボール箱の中の丸棒の上にのせて、段ボール箱のふたはしっかり閉じよう。

注意

くん製中は炎は出ないが、段ボール箱が風で倒れたりすると危険。くん製中は目を離さないようにする。今回のくん製方法では食材に火が通らない。生の肉や刺身用でない魚をくん製にする場合は、くん製後に加熱調理してから食べるようにしよう。

8 60〜90分間くん製を続け、スモークウッドから煙が出なくなったら完成。

くん製って何?

チップを燃やしたときに出る煙の中には、「カルボニル化合物」や「フェノール化合物」といった成分が含まれている。食材がこの成分を浴びることで、腐敗菌が殺菌されると同時に食材の表面に膜ができて、菌の侵入をはばんでくれ、腐りにくくなるんだ。また、通常のくん製の前には肉や魚を塩漬けして乾燥させるが、これも食品中の水分を脱水し、菌が繁殖できない環境をつくる目的がある。昔の人は、苦労して採集した食料を長く保存するためにいろいろと努力をしたのだろう。

ただ、高性能な冷蔵庫がある現代では、くん製のおもな目的は食料の保存だけではない。くん製の塩漬けと乾燥の工程を経ることで、食材のうまみが凝縮され、そして煙に当てることで独特の香りと風味がつき、新鮮な食材とはまたちがったおいしさを楽しむことができるのだ。

市販の段ボール箱くん製器キットもある。複数のメーカーから販売されており、アウトドアショップやホームセンターなどで購入可能。段ボール箱、金属網、支持棒、フック受け皿、スモークウッドが入っている。安いものは網やスモークウッドが入っていないものもあるので、チェックしてから購入しよう。

Recipe 21

段ボール箱×レンジパネル

ソーラークッカーで作る
極上のゆで卵

調理時間の目安 **120**分

冒険度 ★★☆

太陽がギラギラの暑い夏には、太陽光を使って調理する「ソーラークッカー」に挑戦。段ボール箱と台所のレンジパネルで作ることができて、燃料は不要。太陽の力だけで料理ができる、すごい調理器具なのだ!

準備 <ruby>準<rt>じゅん</rt></ruby><ruby>備<rt>び</rt></ruby>

必要なもの

- <ruby>段<rt>だん</rt></ruby>ボール箱
  （横45×<ruby>奥<rt>おく</rt></ruby><ruby>行<rt>ゆ</rt></ruby>き30×高さ36cm）
- アルミレンジパネル
  （高さ44×<ruby>幅<rt>はば</rt></ruby>90cm）
- アルミホイル
- アルミテープ
- ガムテープ
- ビニールひも

- 黒いアルミ<ruby>缶<rt>かん</rt></ruby>（350mℓ）
- 食品ラップ
- <ruby>輪<rt>わ</rt></ruby>ゴム
- <ruby>耐熱<rt>たいねつ</rt></ruby>ガラスのコップ
- <ruby>缶切<rt>かんき</rt></ruby>り
- カッターナイフ
- はさみ

※これらの<ruby>他<rt>ほか</rt></ruby>に、グローブと<ruby>調<rt>ちょう</rt></ruby><ruby>理<rt>り</rt></ruby>器具、<ruby>緊急<rt>きんきゅう</rt></ruby>用の水バケツも用意する（P.15〜17参照）。

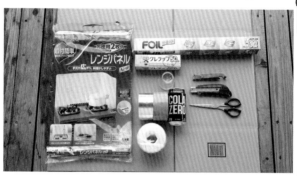

食材

- <ruby>卵<rt>たまご</rt></ruby>……1<ruby>個<rt>こ</rt></ruby>
- 水……50〜100mℓ

調理前に<ruby>準備<rt>じゅんび</rt></ruby>

<ruby>缶切<rt>かんき</rt></ruby>りでアルミ<ruby>缶<rt>かん</rt></ruby>の上の<ruby>面<rt>めん</rt></ruby>を切って中を<ruby>洗<rt>あら</rt></ruby>い、よく<ruby>乾燥<rt>かんそう</rt></ruby>させておく。黒いアルミ缶がないときは、<ruby>普通<rt>ふつう</rt></ruby>のアルミ<ruby>缶<rt>かん</rt></ruby>を黒ペンキなどで<ruby>塗<rt>ぬ</rt></ruby>ってもよい。

ソーラークッカーを作る

1 段ボール箱を組み立て、底面はガムテープで留める。上部の4枚のふたははさみで切り落とす。

2 箱の前面（広い面）の両サイドをカッターナイフで切り、前に広げて「反射板」を作る。

3 箱の底と2で作った反射板に、アルミホイルを、アルミテープを使って貼りつける。

4 アルミレンジパネルをL字形に折り曲げ、箱の中に立てるように置く。パネルの両側をアルミテープで箱と接着（せっちゃく）させる。

5 ビニールひもとガムテープで、反射（はんしゃ）板を斜（なな）めに持ち上げて固定する。

ビニールひもを留（と）める位置を変えることで、反射板の角度（かくど）が変わり、太陽光の当たり方を調節できる。

卵（たまご）の準備（じゅんび）

6 アルミ缶（かん）に卵（たまご）と、卵（たまご）がつかる程度（ていど）の水を入れ、食品（しょくひん）ラップと輪（わ）ゴムでふたをする。

いよいよ、太陽熱調理開始

7 ソーラークッカーの中央部に耐熱ガラスのコップを逆さに置き、その上にアルミ缶をのせる。

8 晴天なら90〜120分程度でゆで卵が完成する。天候や気温によって調理時間は変わるので、その日の状況によって調整しよう。

ポイント 調理後は缶が熱くなっているので、グローブを使って取り出し、やけどに注意する。

卵の殻がむけたら、ソーラークッカー特製のゆで卵のできあがり！

注意

ソーラークッカーはゆで卵以外にもアイデア次第でいろんな調理が可能。ただし、天候や外気温の影響を大きく受けるので、加熱が不十分になることもある。肉や魚などの調理に挑戦するときは十分に注意すること。

ポイント ソーラークッカーを太陽光がよく当たる方向に向け、アルミ缶に光が当たるよう反射板の角度を調節する。上手に調節できればアルミ缶の中は80度以上の高温になる。

ソーラークッカーとゆで卵のお話

世界中の人々が調理や暖房に、石油などの化石燃料や、薪・炭などの森林資源をエネルギーとして使っている。その結果、温室効果ガスの増大や森林伐採による自然破壊が進み、地球温暖化が進んでいるのはみなさんもニュースで聞いたことがあると思う。そこで、世界中の研究者が今、太陽エネルギーで調理するソーラークッカーの開発と普及に乗り出している。現在、最も高性能な太陽熱調理器なら、ご飯を炊いたりクッキーを焼いたりもできるんだ。ちなみに、卵の黄身と白身は熱でかたまり始める温度がちがう。黄身は65〜70度でかたまるが、白身は70〜80度にならないとかたまらない。もし太陽熱調理に挑戦して、黄身がかたくて白身がトロトロの温泉卵ができたとしたら、それはアルミ缶の中の温度が70度だったということ。うまく調節すれば、かたいゆで卵もトロトロの温泉卵も両方調理できるので、時間や天候をチェックしながらいろいろとチャレンジしてほしい。

参考／ソーラークッカーズ インターナショナル
https://www.solarcookers.org

炭火の上で回転させる!?

Recipe 22

調理時間の目安 **60**分

冒険度 ★★★

くるくる
バウムクーヘン

炭火でバウムクーヘンを手作りしよう。
アウトドアフィールドで楽しく遊んだあとの
甘いデザートはやっぱり最高! 上手にくるくる
回転させて、きれいな年輪模様の
バウムクーヘンに挑戦だ。

準備

必要なもの

- BBQコンロ
- 木の丸棒

（直径24mm×長さ90cm）

- アルミホイル

- 木炭

※この他に、野外調理の基本の
道具も用意する（P.33参照）

注意

芯となる木の丸棒には竹を使ってもよいが、空気の膨張で破裂する
危険がある。竹を使う場合は、必ず節を抜いてから使用する。

食材

- 薄力粉……100g
- ベーキングパウダー
  ……小さじ1
- 卵……2個
- 砂糖……50g
- バター……50g
- はちみつ……大さじ1
- バニラエッセンス
  ……5滴

- サラダ油……適量
- 牛乳……少量

※ホットケーキミックスで作る
ことも可能。その場合は、商品
説明書のレシピより少しかため
に生地を作る

まずは生地作り

1 ボウルに卵、砂糖、溶かしたバターを加えてよく混ぜ合わせる。

2 1のボウルに薄力粉とベーキングパウダー、はちみつ、バニラエッセンスを入れ、さらに混ぜ合わせる。生地がかたいときは牛乳を少し足す。

この生地はかためが正解。牛乳の加えすぎに注意。

芯棒を作る

3 木の丸棒にアルミホイルを厚く巻きつけ、表面に薄くサラダ油を塗る。

炭火でバウムクーヘンを焼く

4 ボウルの上で芯棒にバウムクーヘンの生地を全体に流しかける。あまり厚くならないよう、お玉やへらでならすとよい。

5 炭火の上でくるくる回しながら焼く。少しぐらい生地が落ちても気にしない。

芯棒をくるくる回しながら焼くとき、はじめに炭火の近くで速めの回転をしながら焼きかため、その後は火から遠ざけてゆっくり焦げ目をつけるとよい。

6 生地の表面に適度な焦げ目がついたら、再びボウルの上で芯棒に生地を流しかける。

ポイント だんだんと生地が重くなり太くなっていく。流しかける量を厚くしすぎるとうまく焼けないので、あせらずに、薄めにかけていく。

7 5～6の工程を、ボウルの生地がなくなるまでくり返す。

8 最後にかけた生地に火が通り、表面においしそうな焦げ目がついたら完成。木の棒を抜き、アルミホイルを慎重に取り除いて切り分ける。

自分で手作りしたバウムクーヘンでティータイム。自然の中でがんばって作ったからこそ、そのおいしさは格別だ。きっと忘れられない味わいとなるはず

バウムクーヘンのお話

バウムクーヘンは、ドイツ語で「木のお菓子」を意味するドイツ地方伝統の焼き菓子。断面の美しいシマシマ模様は木の年輪のよう。バウムクーヘンが日本にやってきたのは今から100年ほど前のこと。第一次世界大戦で日本軍の捕虜となった、ドイツ人の菓子職人のカール・ユーハイムさんが日本で初めてバウムクーヘンを焼いた。ユーハイムさんが作ったバウムクーヘンは、そのおいしさと見た目の美しさからたちまち日本全国で大人気に。今では本場ドイツよりも日本のほうがバウムクーヘンの生産量は多いとか。

ところでユーハイムさんがバウムクーヘンを初めて発表したのは広島県物産陳列館という建物。そこは今、原爆ドームと呼ばれている。甘く美しいケーキの物語の背景には、悲しい戦争の歴史もあったんだね。

Recipe 23

調理時間の目安 **60**分

冒険度 ★★★

あったか
自家製ほうとう

自分でめんを作るってむずかしそうだけど、
もともと小麦粉を使った素朴なめん料理は、
多くの地方で一般的な家庭料理だった。
今回は山梨県や関東北西部で愛される
「ほうとうめん」を作ってみよう！

準備

必要なもの

● 鉄鍋（てつなべ）
● めん棒（ぼう）
● 食品ラップ
● 厚手（あつで）のビニール袋（ぶくろ）

※この他（ほか）に、野外調理（ちょうり）の基本（きほん）の道具も用意する（P.33参照）

食材

ほうとう
　● 中力粉（ちゅうりきこ）……200g
　● 水……100ml

汁（しる）と具材
　● ニンジン……1/2本
　● ダイコン……1/8本
　● ネギ……1本
　● カボチャ……1/8個（こ）
　● 豚肉（ぶたにく）……100g
　● 味噌（みそ）……大さじ5〜6
　● だし汁（しる）……1500ml（水1500mlに顆粒（かりゅう）だし小さじ3〜4程度（ていど））

調理前（じゅんび）に準備

ニンジンとダイコンはイチョウ切り、カボチャは短冊（たんざく）切り、ネギは斜（なな）め切り、豚肉（ぶたにく）は一口大（ひとくちだい）に切り分けておく。

まずは手打ちめんの準備

1 ボウルに中力粉と水を入れて混ぜ合わせる。

2 少しずつ水を粉全体になじませていく。

3 手のひらで強く押しながら練る。

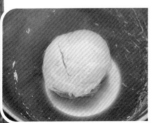

4 生地に弾力が出て表面がなめらかになったら、球状にまとめてラップで包み、30分ほど、涼しい場所に置く。

汁と具材の調理

5 だし汁を入れた鉄鍋を炭火にかけ、ニンジンとダイコンから煮始める。煮たってきたら残りの具材を入れ、全体に火が通るまで煮続ける。

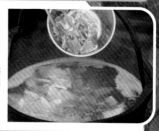

いよいよ、めんの登場!

6 机にビニール袋を広げ、生地をめん棒で薄くのばしていく。

生地が触れる道具に打ち粉をふっておくと、生地が手やめん棒にベトベトくっつかない。

ポイント 生地がかたく、めん棒でのばすのがむずかしいときは、まず手のひらで体重をかけて平たくしよう。

7 厚さが3～4mmくらいになるまでのばす。

全体が均等になるようにのばすとめんが切れにくい。

8 のばした生地を、切れないようにていねいに、3つに折りたたむ。

9 1cmくらいの幅になるように包丁で切って、ほうとうめんの完成。

めんを切ったら1本ずつ広げて、全体に粉をまぶしておく。

10 味噌で味つけした汁
に、ほうとうめんを入
れて、15分ほど煮込んで完成。

地粉と小麦料理

日本で消費される小麦粉の88％は、海外から輸入されている。み
んなが大好きなラーメンやパン、スパゲティ、ケーキなどのほと
んどすべては、外国で栽培された小麦から作られているんだ。け
れど、昔から輸入に頼っていたわけではない。日本各地に、その
地方独特の小麦料理やおまんじゅうがあることからも、お米と並
んで国内の小麦栽培には長い歴史があることがわかる。ここ最近、
穀物の自給率を高めるために、全国で小麦の生産と消費を拡大す
る活動が盛んになってきているそうだ。

ところで、ほうとうめんの材料は「小麦粉」ではなく「中力粉」とな

っている。じつは小麦粉は大きく分けて「強力
粉」「中力粉」「薄力粉」の3種類がある。原料
の小麦によって含まれるタンパク質の量が変
わり、生地にしたとき粘りや弾力にちがいが
出るのだ。やわらかい薄力粉は天ぷらやケー
キに、中力粉はうどんなどに、もっとも粘り
が強い強力粉はパンや餃子の皮に適してい
る。小麦粉を使う料理を作るときは、メニュー
に適した粉を選ぶ必要があるのだ。

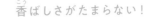

香ばしさがたまらない！

Recipe 24

調理時間の目安 **30**分

冒険度 ★★★

稲わらの炎であぶるカツオのタタキ

カツオのタタキは、新鮮な刺身用のカツオを
焚き火の炎で軽くあぶり、薬味やしょうゆを
つけて食べる土佐（高知県）の伝統料理。
漁師さんが忙しい仕事の合間に船の上や
海岸で食べていたそうだ。炭火と稲わらを使った
本格的な調理法でトライしてみよう！

116

準備

必要なもの

- ●BBQコンロ
- ●BBQ網
- ●木炭
- ●稲わら
- ●金属製のくし(金ぐし)……4〜5本

- ●氷水

※この他に、野外調理の基本の道具も用意する(P.33参照)

食材

- ●刺身用カツオ……1さく
- ●塩……適量

注意

大量の稲わらに火がつくと、大きな炎が燃え上がり、とても危険。またBBQコンロに稲わらを入れたら、必ず焼き網をかぶせること。熱による上昇気流で火がついた稲わらが飛び出す危険がある。衣服への着火ややけどに注意し、周囲の安全に配慮してタタキ調理を楽しもう。

1 刺身用カツオに塩をふりかけ、金ぐしを扇の形になるように打つ。カツオの身を持ち上げたときに回転しないよう、バランスをよく見て刺す。

稲わらと炭火の準備

2 はさみで稲わらを30cmくらいの長さに切る。

稲わらはホームセンターの園芸用品売り場で購入可能。

3 たっぷりの炭火が入ったBBQコンロに、ひとつかみの稲わらを入れ、すぐに網をかぶせる。

ポイント　稲わらには、あっという間に火がつくので気をつけよう。大量の稲わらを一度に投入したり、網をかぶせずにいたりすると、火のついたわらが飛び散り、とても危険だ。

いよいよ、タタキ調理の開始

4 カツオに刺した金ぐしをしっかり持ち、燃え上がる炎で身をあぶり焼きに。

ポイント　まずは皮側からあぶろう。しっかり焦げ目がつく前に稲わらが燃え尽きたら1束追加する。焼き時間は1分30秒〜2分くらい。

稲わらからは炎が上がるが、一定の距離を保って、落ち着いて行おう。風の吹き方などにも気をつけること

5 皮側に焦げ目がついたら、もう一度稲わらを投入し、次に裏側を軽くあぶり焼きする。裏側は30秒〜1分程度でOK。

6 両面に焦げ目がついたら、素早く氷水の中につけ、しっかり熱を取る。

7 水けをきって包丁で切り分ける。カツオのタタキは厚切りがおいしい。しょうゆやポン酢、薬味などで味つけして食べよう。

香ばしく焼けたカツオはとっても風味がよくておいしいぞ！

カツオのお話

「目には青葉　山ほととぎす　初がつお」という俳句を知っているかな？　これは江戸時代の俳人、山口素堂という人の作で、「青葉、ほととぎす、初がつお」と3つも初夏に嬉しいものを詠んだぜいたくな句だ。寒い冬が終わって暖かい春、そして夏へと向かうウキウキした気分がよく伝わるよね。カツオは暖かい海に生息する回遊魚で、春に黒潮にのって日本の太平洋岸を北上し、秋になると南の海へと戻っていく。このため、カツオには旬が2回あり、春の3〜5月に獲れるのは初ガツオ、秋に獲れるのは戻りガツオと呼ばれる。戻りガツオは北の海でたくさんの餌を食べ脂がのってプリプリ。対して初ガツオは身が締まったサッパリ味で風味が抜群。どちらもとてもおいしいので、ぜひタタキにして食べてほしい。

Recipe 25

調理時間の目安 **60**分

冒険度 ★★★

炭火焼き
手作りちくわ

ちくわは非常に歴史のある日本伝統の食品。
細長くて真ん中に穴のあいたユーモラスな
見た目はお弁当や食卓でも大人気。
でもちくわの材料は何なのかな?
そう、正解は魚。木の棒と炭火があれば、
自分でもちくわを作れるよ!

準備 <small>じゅんび</small>

必要なもの

- 七輪（BBQコンロでも可<small>か</small>）
- 木や竹の丸棒<small>まるぼう</small>
  （直径10〜15mm×長さ40〜50cm）
  ……3本<small>ぼん</small>
- すり鉢<small>ばち</small>
- すりこ木
- オーブンシート

※この他<small>ほか</small>に、野外調理<small>きほん</small>の基本の道具も用意する（P.33参照）

注意

木<small>まる</small>の丸棒はヒノキなど、安全な樹種<small>じゅしゅ</small>のものを選ぶ。野外で調達<small>ちょうたつ</small>するときは、キョウチクトウなど強い毒<small>どく</small>を含む植物もあるので注意する。

食材 <small>ちくわ3本分</small>

- 白身魚の切り身……300g
  （タラやタイなどお好みで）
- 卵白<small>らんぱく</small>……1個分
- 塩……小さじ1／4
- 片栗粉<small>かたくりこ</small>……大さじ2
- 水……大さじ1〜2

調理前に準備 <small>じゅんび</small>

魚の切り身は、皮を取り除<small>のぞ</small>いてから、小骨<small>こぼね</small>などが残っていないか確認<small>かくにん</small>し、冷たい水できれいに洗<small>あら</small>っておく。

まずは魚をミンチにする

1 魚を包丁で薄く(うす)スライスし、さらに細かく叩く(たた)。

ポイント ここでなるべく小さく切っておくと、あとの調理が楽になる。ただしケガには注意!

2 ある程度細かくなったら、すり鉢(ばち)に入れ、すりこ木でよくする。

3 魚の身が崩れ(くず)たら、すり鉢(ばち)に卵白(らんぱく)、塩、片栗粉(かたくりこ)、水を入れ、すりこ木でさらに練る。

ここで水を入れてかたさを調整するが、入れすぎに注意。

ちくわの形にする

4 魚のミンチを**3**等分し、オーブンシートの上にたいらに広げ、真ん中に丸棒を置く。

5 オーブンシートを使い、魚のミンチを丸棒に巻きつけるようにしながら整形していく。

6 オーブンシートを外し、水でぬらした手で全体の形を整えよう。

いよいよ、ちくわを焼こう

7 よく熱した炭火でちくわを焼いていく。くるくる回しながら、全体に火が当たるように。

ポイント 生のうちは網に張り付くので網にのせないようにする。全体に焼き目が入ったら網にのせてOK。

8 全体に焦げ目がつき、中まで火が通れば完成。丸棒を回しながらゆっくり引き抜こう。

こんがり焼けた手作りちくわ。好きな大きさに切って味わおう

七輪って何?

七輪は日本伝統の調理のための道具で、江戸時代初期には今の形に近いものが使われていたそうだ。七輪の本体は珪藻土という植物プランクトンの化石でできた土で作られている。珪藻土は非常に熱に強いだけでなく、熱を伝えにくい性質があるので、熱い炭火を入れるのに安全な素材だ。また、七輪の下側に空気が入る窓があり、上側で食材を加熱する煙突のような形は、とても省エネで効率のよい構造なんだ。そんな七輪は、安全・低燃費な調理器具として重宝され、江戸中期にはお金持ちの家庭だけでなく、一般庶民の間にも広く普及した。その後、昭和の中頃までは一般家庭の必需品だったが、ガスコンロの普及によって、次第に家庭の台所から姿を消していった。

タイの
塩釜焼き
しお　がま

Recipe 26

調理時間の目安 **60**分

冒険度 ★★★
ぼうけんど

「タイの塩釜焼き」って、不思議な名前の
　　　　しおがま
メニューだよね。塩釜焼きは食材を塩で包み込み、
　　　　　　しおがま　　　　　　　　　　　　　　　　つつ　こ
時間をかけて焼くので、中の肉や魚が
とってもジューシー。ふわふわな食感も
味わえるので、ぜひ挑戦してみよう！
　　　　　　　　　　ちょうせん

準備

必要なもの

- BBQコンロ
- BBQ用鉄板（フライパンでも可）
- アルミホイル
- 木槌（きづち）

※この他に、野外調理の基本の道具も用意する（P.33参照）

食材

- タイ……1尾（び）
- 昆布（こんぶ）……数枚（まい）
- 粗塩（あらじお）……2kg
- 卵白（らんぱく）……3個分

調理前に準備

昆布（こんぶ）は水でもどしておく。タイは魚屋さんで塩焼き用にハラワタとウロコを取っておいてもらう。

Part 3　創意工夫で野外料理は自由自在！　**129**

まずは塩釜の準備から

1 ボウルに卵白と塩を入れて、手でよく混ぜ合わせ、塩のペーストを作る。

塩が肌にしみるときは、調理用のビニール手袋を使うとよい。

2 アルミホイルを敷いた鉄板に、半分の量の塩ペーストを1cmくらいの厚さに塗り広げる。

いよいよ塩釜を作る!

3 2の塩ペーストの上に、水でもどした昆布を広げ、さらにその上にタイをのせる。

タイが大きくてはみ出すようなら、尾を切り落とす。

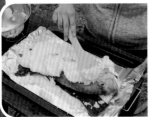

4 残りの塩ペーストをタイの全体が隠れるよう、厚くのせてタイを包み込む。

ポイント　はじの部分は手で塩ペーストをのせていく。タイが見えなくなるくらい厚くのせられたら完成。

塩釜を火にかけよう

5 塩釜をのせた鉄板を、よく熱した炭火の入ったBBQコンロにかけ、加熱調理スタート。

6 最初の20分ほどは、上からアルミホイルでふたをすると、熱が通りやすい。

7 20分が過ぎ、塩釜の周りが茶色く焦げてきたら、アルミホイルのふたを外して加熱を続ける。火力が弱いようなら炭を足そう。

8 さらに40分ほど加熱したら完成。塩釜（しおがま）がかたくなっているので、木槌（きづち）で割（わ）ってタイを取り出そう。

あまり長く塩釜（しおがま）の中に入れていると、タイが塩辛（しおから）くなりすぎてしまうので注意。

塩釜（しおがま）からタイを取り出すのは化石（かせき）を発掘（はっくつ）するみたいで楽しいぞ。これで食べるご飯が止まらない！

卵白（らんぱく）と卵黄（らんおう）のお話

材料に卵白（らんぱく）とある。これは卵（たまご）の白身のこと。前のレシピのちくわ作りでも使ったね。調理するメニューによって、卵を黄身と白身に分けて使うことがあるんだ。黄身と白身を分けるとき、よく殻（から）を使うけど、慣（な）れないうちはボウルに割り入れて、卵黄（らんおう）だけスプーンですくうほうが失敗が少ない。プリプリの卵黄（らんおう）はカスタードクリームやプリン、クッキーの生地（きじ）に使えるので捨てないでね。ちなみに、黄身のほうが栄養が豊富（ほうふ）そうに見えるけど、じつは白身も栄養満点。どちらも残さず大切に食べよう。

しっかり
読んでおこう

Part4

安全に
アウトドア
料理を
楽しむために

焚き火キッチンを
片付けよう

アウトドアで楽しくキャンプや料理を楽しんだあとの合言葉は、
「来たときよりも美しく!」
そして
「残してよいのは足跡だけ!」
次に来た人が気持ちよく使えるよう、楽しませてくれた自然環境に感謝を込めて、使った場所を美しく回復しよう。

焚き火の正しい終わり方

冒険食堂のキッチンに欠かせない主役が焚き火。とても便利で楽しい焚き火だが、その残り火はとっても危ない。だからこそ、責任を持って安全に片付けよう。
　　焚き火の正しい終わり方には2つの方法がある。「完全に燃やし尽くす」か、「完全に消火してしまう」かだ。いちばんよいのは完全に燃やし尽くすことだが、いつも完全に消えるまで焚き火の番をするのはむずかしい。そんなときは正しい方法で消火しよう。

よい終わり方
1 しっかり燃やし尽くす ○

焚き火の炎がおさまると赤い熾火になる。それも時間とともに弱まり、最後は燃え尽きる。ただし消えたように見えても火種が残っていることが多い。しっかり消火を確認してから、キャンプ場の指示に従って灰を処分しよう。

2 火消しつぼや水バケツで消火する

よい終わり方

火消しつぼや水を張ったバケツに薪を入れれば確実に消火できる。やけどに気をつけてすべての薪を消火しよう。しっかり消えたことが確認できたら、キャンプ場の指示通りに処分する。火消しつぼを上手に使えば、消火した薪や炭を後日また使うことも可能だ。

ダメな終わり方 ✕

燃え残った薪をそのまま放置してはいけない。山火事の原因にもなってとても危ないぞ。

焚き火に直接水をかけると、熱い水煙が上がり非常に危険。緊急時以外は水をかけてはダメだよ!

これからも野外料理を 楽しむための 4つの約束

各自がしっかりとルールや約束ごとを守ることが、これからも安全に楽しく野外料理を行うことにつながる。とても大切だから、しっかり読んでほしい。

1 焚き火が許可された場所で 行うこと。

焚き火が禁止されている公園や森で火を焚いてはいけない。必ず許可されたキャンプ場などで、その場所のルールに従って焚き火を楽しもう。

2 自分と周囲の人や物に火の危険が およばないよう注意すること。

火は使い方をまちがえると、やけどや火事の危険がある。自分の体はもちろん、周りの人や建物などに危険がおよばないか確認してから火を焚くこと。

136

3

風の強い日には
決して焚き火をしないこと。

火は風にあおられて広がってしまう。風が強いときは絶対に焚き火はしないでね。そしてもし焚き火中に風が強く吹いてきたら、すぐに消火しよう。

4

最後にしっかりと消火を確認し、
責任を持って焚き火を終えること。

毎年、山火事ややけどなどの悲しい事故が起きている。火を焚くときは大人も子どもも、責任感をしっかり持って、正しく焚き火を楽しんでほしい。

遠い遠い昔、人類は「火の力」を手に入れた。
いま見つかっているいちばん古い焚き火の跡は、
79万年前のもの。そこからは、
火打石や焼けたオリーブの種が発見されたというよ。
それから長い長い時間、焚き火はわたしたち人間の、
暮らしの中心にあった。火の発する熱と光が、
人々の体を温め、暗闇を照らし、
肉や木の実をおいしくて体にやさしい料理にしてくれたんだ。
そして現代、わたしたちの家の周りから、
焚き火の炎は姿を消していきつつある。
もちろん、完全に火がなくなったわけではない。
より安全に効率よく、そのエネルギーが使えるように姿を変え、
電気やガスボイラーなどの形で今も
わたしたちの暮らしを支えている。
今、わたしたちは無理に焚き火をしなくても、
料理も作れるし部屋を明るくすることもできる。
お風呂のお湯だって温めることができる。
でも、焚き火の本当の価値はそれだけだろうか。
実際に自分の手で火をおこし、
それを安全にコントロールして料理を作る。
その喜びは、遠い昔にわたしたちのご先祖様が、
マンモスの肉を焚き火で焼いていた時代から、
ずっと心のどこかに記憶されていると思うんだ。

ここまでに何度も書いてきたけど、
焚き火の炎はとっても危険なものだ。
これからも、焚き火をずっと楽しむために、
前のページに記した4つの決まりを
ぜひ守ってくださいね。

やけどしたときの対処法

焚き火や熱せられた調理器具などでやけどをした場合、すぐに身の安全を確保し、やけどした場所を冷やそう。

1 すみやかに火元から遠ざける

やけどを負った人を直ちに火元から遠ざけよう。着衣に火がついたときは、すぐに水をかけるか地面に転がして消火すること。周囲の安全を確保し、あらたな火災事故のリスクを避けることが大切だ。

2 やけどしたところをすぐに冷やす

やけどしたところを10〜30分間、冷たい水で冷やす。服を無理に脱がせず、服の上から水をかけるとよい。ただし、氷や保冷剤を直接やけど部位に当てることは避けたい。氷などで急激に冷やすと、さらなる組織の損傷が生じる可能性がある。

3 病院へ連れていく

やけどが広範囲におよんだり、症状が深刻な場合は、すみやかに医療機関を受診すること。症状によっては救急車を呼ぶことをためらってはいけない。やけどの治療には時間が重要だ。心配なときは、少しでも早く病院へ向かうように。

保護者の方へ
安全のための
基礎知識とお願い

焚き火による火災・事故は毎年、多く起きている。風の強い日の焚き火で火の粉が飛び広がってしまったものや、消火の確認をせずに立ち去った火床から出火したものなど、火災や事故の原因はさまざま。しかし過去の火災や事故は、「これくらいは大丈夫だろう」という慢心から発生しているものがほとんどだ。

お子さんにとって楽しく、よい経験となるであろう焚き火の体験が、火災・事故の原因とならぬよう、保護者の方も正しい知識を持って注意してほしい。

子どもと焚き火料理をするときのルール

下記の8つについては、必ずお子さんと確認する。

1 刃物や火を扱うときは
必ずグローブをする。

2 必ず焚き火が許可された場所で、
大人といっしょに行う。

3 風の強い日には、
絶対に焚き火はしない。

4 焚き火の周囲に燃えやすい物は
置かない。

5 バケツに緊急用の水を用意する。

6 緊急時以外は消火に水を使わず、
火消しつぼなどを使う。

7 最後にしっかりと消火を確認し、
責任を持って焚き火を終える。

8 やけどと着衣への着火に注意!
燃えやすい服で焚き火はしない。

焚き火に関する法律

焚き火に関して大きく関わってくる法律は、「消防法」「軽犯罪法」「廃棄物処理法」の3つである。また他に自然公園法や都市公園法、地域独自の規制などもあるので注意する。

消防法では第三条の1で「屋外で火災の危険があるような行為をしている人を見つけた場合に消防署員は消火させることができる」(著者意訳)とされている。

軽犯罪法では第一条の9で「相当の注意をせず可燃物が付近にある場所で焚き火をしてはいけない」(著者意訳)とされている。

廃棄物処理法では第十六条の2で「ゴミの焼却は法律に従った方法で行わねばならない」(著者意訳)とされている。

これら法律の条文を合わせると、焚き火をするときには以下のルールを守らねばならないとわかる。

- 場所の所有者が焚き火をすることを許可していること。
- 周囲の家などに迷惑がかからないようにすること。
- 周辺に可燃物がなく、延焼の危険がない場所で行うこと。
- すみやかに消火ができるよう準備してあること。
- 有害な物質が出て周辺環境に影響の出るようなものは燃やさないこと。

焚き火への規制が強くなって個人で焚き火を楽しむことができない世の中にしないためにも、お子さんといっしょにこれらのルールについてよく話し合ってほしい。

切り株や大きな石に腰掛けて、
青い空の下でおいしいご飯をパクリ。
外でご飯を食べるって、なんだかドキドキしませんか?

自分でおこした焚き火ででっかいお肉を焼いてみる。
それだけで、もうそこは冒険食堂のキッチンなんだ。
むずかしいことなんて何もない。
ゴウゴウ燃える炎と、
ジュワジュワ焼けるお肉を眺めながら、
冷たい水を一口。あー、とっても楽しいぞ!

冒険食堂には決まりなんてない、そう最初に書いたよね。
この本を読んでくれたみんなは、
もういつでも自在に焚き火をおこせるはず。
その焚き火のパワーを使って、
これからは新しい冒険食堂のメニューを、
ドンドン発明していってほしい。
おいしい料理レシピができたら、ぜひ僕にも教えてね。

最後までこの本を読んでくれてありがとう。
この本をキッカケに、
みんなが新しい冒険の旅に出てくれたら、
そしてそこで何か楽しい驚きに出合ってくれたら、
僕はとっても嬉しいです!

阪口 克・春音

参考資料

［書籍］

『焚き火大全』吉長成恭・関根秀樹・中川重年 編　創森社
『図解でよくわかる　火災と消火・防火のメカニズム』小林恭一 編著　日刊工業新聞社

［webサイト］

日本バーベキュー協会　　　　　　　　　　　https://jbbqa.org
防災・安全安心─千葉市　　　　　　　　　　https://www.city.chiba.jp/anzen
ソーラークッカーズインターナショナル　　　https://www.solarcookers.org
独立行政法人国立青少年教育振興機構　　　　https://www.niye.go.jp

冒険食堂 子どもの好奇心を刺激するアウトドア料理レシピ　　YS071

2023年11月5日　初版第1刷発行

著者　　　　阪口 克
発行人　　　川崎深雪
発行所　　　株式会社 山と溪谷社
　　　　　　〒101-0051 東京都千代田区神田神保町1丁目105番地
　　　　　　https://www.yamakei.co.jp/
　　　　　　■ 乱丁・落丁、及び内容に関するお問合せ先
　　　　　　　山と溪谷社自動応答サービス　TEL：03-6744-1900
　　　　　　　受付時間／11：00-16：00（土日、祝日を除く）
　　　　　　　メールもご利用ください。
　　　　　　　【乱丁・落丁】service@yamakei.co.jp
　　　　　　　【内容】info@yamakei.co.jp
　　　　　　■ 書店・取次様からのご注文先
　　　　　　　山と溪谷社受注センター　TEL：048-458-3455
　　　　　　　　　　　　　　　　　　　FAX：048-421-0513
　　　　　　■ 書店・取次様からのご注文以外のお問合せ先
　　　　　　　eigyo@yamakei.co.jp
印刷・製本　図書印刷株式会社

※定価はカバーに表示してあります
※乱丁・落丁本は送料小社負担でお取り替えいたします
※禁無断複写・転載

©2023 Katsumi Sakaguchi All rights reserved.
Printed in Japan　ISBN978-4-635-51083-7